Pubblicato in accordo con l'Autrice
presso l'Agenzia letteraria Kalama, Cagliari

www.einaudi.it

ISBN 978-88-06-21892-8

Michela Murgia

Futuro interiore

Giulio Einaudi editore

Indice

Futuro interiore

Introduzione a un'isola deserta

Quarant'anni fa Arto Paasilinna pubblicò un romanzo intitolato *Prigionieri del paradiso*, una storia satirica sulle società nord europee interamente costruita sull'ipotesi di un naufragio aereo nei pressi di un'isola deserta. La piccola comunità di passeggeri – tagliaboschi, ingegneri, tecnici forestali, infermiere, ostetriche, medici, un giornalista e l'equipaggio, tutti provenienti dai Paesi scandinavi – aveva solo due obiettivi: sopravvivere e cercare di mantenersi visibile per essere ritrovata dai soccorritori. Per fare questo si videro però costretti a darsi un'organizzazione sociale che, dapprima strutturata in modo elementare, col passare dei giorni diventò sempre piú complessa e simile a quelle delle socialdemocrazie di rispettiva appartenenza, esprimendo un sottinteso deterministico e disperante: non importa quante isole deserte si avranno a disposizione per ricominciare da capo a immaginare mondi migliori, non potranno comunque essere troppo diversi da quelli che abbiamo già abitato, né prescindere totalmente da quello che già siamo stati.

Chi attraversa i fondamentali dieci anni che scorrono tra i quaranta e i cinquanta si trova oggi in una situazione non molto diversa da quella dei naufraghi di Paasilinna. Figlia dei baby boomers e genitrice dei nativi digitali, quella degli anni Settanta è una generazione ammarata nel mezzo di due fondamentali cambiamenti paradigmatici, uno sociale e uno tecnologico, e ancora fatica a trovare una dimensione storica da poter chiamare propria. Esiliati dalle ideologie e arrivati ai linguaggi digitali come si arriva da adulti a una lingua straniera, i quaranta-cinquantenni attuali hanno mancato il tempo di ogni rivoluzione e lo sanno. Precari e individualisti, sono dei sopravvissuti che si aggirano tra le macerie di guerre sociali che non hanno combattuto e abitano il proprio presente con la sensazione di non potervi davvero risiedere, perché il loro mondo, se c'era, non era questo, non cosí. Sono troppo giovani per considerare chiusa la partita e troppo vecchi per giocarsela ancora a pieno fiato, ma hanno in fondo le stesse urgenze primarie dei naufraghi del paradiso paasilinniano: sopravvivere e restare visibili. Hanno però anche qualcos'altro, ma non sempre sembrano averlo capito: un'eredità importante da lasciare a chi verrà, fatta di domande che fanno ancora paura e di tentativi di risposta che siano piú coraggiosi di quello che noi ci siamo potuti permettere di essere.

Se l'isola deserta fosse stata data a noi, quale mondo vi avremmo costruito? Quali cose, col senno di mezzo di chi nasce mediano, avremmo voluto migliori? Quale cambiamento avremmo generato se non avessimo avuto la sensazione di essere arrivati cosí dopo o cosí prima di tutti gli altri? La sfida creativa di queste domande si concentra in tre temi fondamentali per le società attuali e pone questioni che non c'è bisogno di avere davanti la prospettiva di un'isola deserta per sentire proprie in questo presente. Se il naufragio sociale è in atto per tutti, tutti ci stiamo già chiedendo come sarà la nostra appartenenza, come daremo forma ai nostri spazi e quale potere ci controllerà o controlleremo.

Le pagine che seguono sono scritte con la temerarietà senza la quale non è possibile immaginare nulla, men che mai scenari verosimili per le città che verranno e i loro sognati abitanti. Dentro c'è la convinzione ostinata che non ci sono colpe del passato né pesi nel presente che possano esimerci dal prenderci la responsabilità di sognare il futuro.

I.
Cittadini di un mondo scelto

L'espressione «vecchio mondo» riferita all'Europa è del tutto appropriata: siamo vecchi ed è con occhi vecchi che guardiamo al futuro. Le ragioni sono diverse, ma la prima è banalmente demografica[1]: il tasso di natalità europeo è inchiodato da anni alla percentuale di 1,7 nati per donna, un numero che gli studiosi di demografia ritengono essere la soglia minima di sopravvivenza di un popolo.

Si sono ipotizzate le cause piú varie per questa sterilità d'intenzione: il tasso di istruzione che innalzerebbe l'aspettativa generale di qualità della vita, il dislivello di carico genitoriale e lavorativo tra i sessi e anche la presenza o l'assenza di servizi sociali come gli asili, i congedi retribuiti e altre tutele statali. Fino a ora però nessuna delle politiche di incentivo alla natalità, al

[1] *Eurostat regional yearbook 2014*.

lavoro femminile e alla condivisione della responsabilità genitoriale messa in atto dai governi europei è stata abbastanza efficace da invertire la tendenza alla scomparsa che sembra aver contagiato tutti gli Stati dell'Unione. In Italia, dove il tasso di natalità è inferiore anche alla pur bassissima media europea, si guarda con invidia alla Svezia o alla Francia perché ancora fanno quasi due bimbi a testa, ma entrambi i Paesi restano distanti dalle impressionanti percentuali africane, dove il numero di nati per donna oscilla fra i tre del Ghana e i cinque del Niger.

La prima conseguenza di questo lento suicidio demografico, combinato con un'aspettativa di vita sempre piú lunga, è l'innalzamento dell'età media: con i suoi 41 anni pro capite, l'Europa attualmente è il Paese con la popolazione piú anziana del mondo, ma le stime dell'Onu prevedono che la media si innalzerà fino a 47 anni entro il 2050. Questo invecchiamento ha molte conseguenze e la prima è di carattere politico: i popoli vecchi fanno meno figli e hanno piú paura, e di conseguenza eleggono governi piú disposti a investire in sicurezza che in istruzione.

L'Europa che verrà, che sta già venendo, avrà forse piú welfare per affrontare la problematica delle malattie da invecchiamento, ma molte meno scuole e asili, diventando un posto piú difficile per chi i figli vorrebbe continuare a farli. Non dovremmo stupirci se in futuro avremo piú caserme e sistemi di controllo sociale che investimenti culturali e spazi aperti ai giovani, né sarà sorprendente vederli sempre piú spesso partire verso luoghi dove la gioventú è considerata ancora un investimento e non un rischio. Siamo un continente in piena crisi di mezza età, già fuori dai processi dove davvero si decide il futuro, ma con ancora abbastanza vita addosso da coltivare l'illusione di poter fare una qualche differenza.

Questa differenza non sarà facile farla, perché l'Europa non è vecchia solo per ragioni demografiche. Per una sequenza di eventi storici del tutto peculiari, questo continente negli ultimi quattro secoli ha vissuto un percorso di evoluzione senza paragoni che ha accelerato esponenzialmente la sua crescita economica, culturale e sociale e ha finito per fargli assumere un'influenza che è andata molto al di là dei suoi confini geografici. L'imperialismo coloniale, gli scismi del cristianesimo, la Rivoluzione francese con l'avvento dei principî democratici, la rivoluzione tecnologica industriale e la conseguente accelerazione produttiva, la contrapposizione pluridecennale tra capitalismo e comunismo, le grandi guerre mondiali: sono solo alcuni dei ravvicinati mutamenti storici che hanno segnato l'Europa e hanno costretto i suoi intellettuali a elaborare in modo sistematico gli strumenti per nominare questi fenomeni e comprenderli. Filosofia, antropologia, scienze umane e sociali, lo studio del linguaggio proprio e altrui e lo stesso metodo scientifico sono nati e si sono perfezionati qui, dove il pensiero complesso si è organizzato prima e in modo piú continuato che in tutti gli altri Paesi del mondo.

Se da un lato questa cornucopia culturale ha regalato agli europei un'enorme gamma di possibilità di espressione e imposizione della propria presenza storica, dall'altro lato ha condotto l'evoluzione dell'idea di Europa verso una sorta di fermo immagine permanente, una stasi che da decenni ce la fa percepire come morente, quasi ci fossimo pensati troppo e avessimo raggiunto un limite di consapevolezza oltre il quale non è possibile procedere. Qualunque cosa di nuovo si stia verificando nel mondo da cinquant'anni a questa parte, si ha l'impressione diffusa che stia avvenendo altrove: con l'America che detiene l'egemonia dell'immaginario, l'Asia e l'India che dominano i vecchi e i nuovi mercati e l'Africa che esplode demograficamente in tutte le direzioni, non è strano che l'Europa appaia come un evento storico-geografico già trascorso persino agli occhi dei suoi stessi cittadini. La sua cultura millenaria, definita da secoli di scambi in cui ci si è potuti permettere il rischio di ogni innesto, ora appare da decenni immobile e conservatrice, in difesa permanente delle posizioni acquisite.

Essere cittadini d'Europa oggi significa aderire a un'idea di cittadinanza statica, che porta il peso inevitabile di un logoramento che rende molto difficile l'eventualità di ripensarla. Allo stesso tempo però quel ripensamento appare indispensabile e non piú rimandabile: i vecchi schemi di definizione dell'appartenenza hanno smesso di funzionare, ma è ancora lí, in quello spazio di relazione dove si definiscono le nuove identità, che l'Europa potrà forse giocarsi la possibilità di avere un ruolo nella storia futura del mondo.

Come potrebbe definirsi la cittadinanza del futuro? Per poter rispondere a questa domanda non si può prescindere da cosa si intende attualmente in Europa con la parola «cittadinanza». Per farlo bisogna tenere presenti due dati ineludibili.

Il primo è che le democrazie che conosciamo sono il risultato tribolato di processi storici molto complessi: gli attuali cittadini con voto sono stati tutti sudditi di un monarca, i sistemi parlamentari sono stati dittature feroci, le federazioni sono state poteri centralizzati e i loro confini sono cambiati innumerevoli volte, costringendo le popolazioni che li abitavano a ridefinire all'infinito il proprio concetto di appartenenza, senza mai risolverlo del tutto. Quello che oggi chiamiamo cittadinanza è il prodotto giuridico di quell'eredità e ne porta addosso tutti gli anacronismi e le contraddizioni.

Il secondo dato è che il continente europeo è quasi interamente composto da stati-nazione, cioè soggetti istituzionali che per molti decenni hanno vantato una cultura con pretese di omogeneità, dove l'identità di lingua, etnia e valori corrispondeva (o veniva fatta corrispondere con la forza) a quella dei confini geografici. La matrice dell'idea di cittadinanza in uno stato-nazione è tutta in quella maledetta parolina di quattro sillabe: *identità*. La sua radice latina è la stessa di *identico*, che indica ciò che è perfettamente uguale, medesimo, somigliante in tutto all'originale. È identico a me – e dunque ha la mia stessa identità – solo chi parla la mia lingua, chi si riconosce nella mia stessa storia, chi mangia secondo le mie abitudini, chi prega il medesimo dio e chi ha il mio stesso colore di pelle.

Secondo questa idea, molto popolare, le diversità non sono un valore, ma una minaccia alle identità nazionali e a quelle personali che ci si rifugiano. Il diverso, lo straniero, l'alieno da me sono elementi di sovvertimento dell'equilibrio simbolico su cui si fonda il concetto di appartenenza nazionale ottocentesca, quello in cui la geografia e l'identità culturale coincidono. La xenofobia in questa cornice non è un problema collaterale che le vecchie società europee possano affrontare fino a debellarlo, ma un elemento costitutivo della loro stessa esistenza: la paura del diverso e della diversità nasce dalla pretesa costitutiva dell'identico e dell'identità. Il terrore dell'estraneo che nutre tutte le destre del mondo ingrassa soprattutto quelle d'Europa, che dei concetti di identità e di radici ha fatto per anni il suo vessillo.

Dentro a questa premessa è chiaro perché nella storia europea degli stati-nazione siano potuti esistere solo due modi per diventare cittadini: o si nasceva su un determinato territorio, oppure si nasceva altrove, ma da persone che di quel territorio potevano comunque rivendicare la cultura. Il primo caso, quello in cui la cittadinanza era determinata dalla geografia, è all'origine delle legislazioni che si appoggiano allo *ius soli*, il diritto del suolo. Il secondo caso, quello in cui erano i genitori a garantire l'appartenenza, ha dato vita ai sistemi di riconoscimento basati sullo *ius sanguinis*.

Tutti gli altri aspiranti cittadini, cioè coloro che non sono nati nel territorio di uno stato-nazione né da genitori che vi appartengono, potranno sperare di essere accolti pienamente solo se accetteranno che in quel territorio esista un «originale culturale» che non è il loro e vi si conformeranno, diventandogli somiglianti in tutto. Dovranno parlare quella lingua, assumere quei costumi e far propri per quanto è possibile tutti i marcatori culturali che definiscono l'identità nazionale a cui aspirano, che sia italiana, francese, tedesca, spagnola o una qualunque delle altre europee. In Europa questo processo di progressivo mimetismo è chiamato con notevole ipocrisia «integrazione», ma si tratta piú propriamente di un'assimilazione sociale, un processo in cui la cultura dell'altro viene trattata come minoritaria e subordinata alla propria, che è concepita come superiore per il solo fatto di essere preesistente su un dato territorio e di avere gli strumenti legislativi per proteggersi dal confronto paritario.

È questo il motivo per cui l'Europa può aspirare al massimo a essere multietnica, non potendo evitare la compresenza di piú espressioni della razza umana; ma molto piú difficilmente potrà essere anche multiculturale, perché questo implicherebbe l'azzeramento delle gerarchie tra culture e il riconoscimento che le differenze sono ricchezze, non minacce. Tutti coloro che sui social media, al bancone del bar, ai comizi in provincia o a tavola con gli amici ripetono come un mantra che «chi viene qui deve adeguarsi alle nostre usanze» stanno declinando con varia consapevolezza proprio l'idea che in Europa esiste un'identità statica riconoscibile, un originale culturale che non può essere messo in discussione da ogni diversità che ci accosta.

Questo concetto monolitico di identità è pregiudiziale e in quanto tale è molto difficile da scalfire anche con l'evidenza. A smentirlo basterebbe in fondo considerare il fatto che quello che definiamo «il nostro patrimonio culturale» è il figlio bastardo di mille letti, risultato di un processo di incroci culturali, geografici, economici, etnici, volontari o forzati a cui nei secoli siamo stati esposti; ma non è per nulla detto che chi è stato generato in quel letto voglia conoscere la sua genealogia in modo cosí dettagliato. Essere nati dalla parte fortunata della storia e della geografia per molti rappresenta già un ottimo motivo per non studiarle.

Nel frattempo però, per amore o per forza, le cose stanno cambiando. Nel tempo che stiamo vivendo, dove le guerre e le povertà rendono le migrazioni sempre piú incalzanti e costringono la vecchia Europa al confronto costante con il dato della multietnicità e almeno l'ipotesi del multiculturalismo, l'idea di identità granitica appare drasticamente superata dalla storia. Se è infatti vero che, finché gli stati-nazione resisteranno, con loro resisterà anche il concetto di integrazione all'identità nazionale, è vero altrettanto che la loro fragilità è sempre piú evidente, non solo perché la pressione dei nuovi popoli e delle loro culture è ineludibile, ma anche a causa delle spinte indipendentiste interne, vere coltellate al cuore fittizio delle sedicenti identità nazionali.

Anche se non arrivasse sulle nostre coste un solo migrante a chiamarci al confronto, in tutta Europa già diversi milioni di cittadini europei stanno mettendo in discussione l'idea che gli Stati cosí come li conosciamo siano davvero i monoliti culturali che pretenderebbero di essere. Questi milioni di persone si considerano già cittadini fantasma di nazioni senza Stato, identità storiche, culturali e linguistiche che per decenni o secoli sono state negate o non hanno avuto la ventura di diventare politicamente dominanti, ma non per questo sono scomparse, e oggi piú che mai pretendono autodeterminazione.

Secondo un'elaborazione della rivista di geopolitica «Limes»[2], nel 2014 i cosiddetti

[2] *L'impero è Londra*, «Limes», n. 10, 2014.

«Stati in gestazione» europei erano venticinque, dalla Catalogna alla Transnistria, dalla Baviera alla Carinzia, dalla Scozia alla Sardegna. Queste nuove identità nazionali si trovano a modo loro nella stessa condizione dei naufraghi di Paasilinna: hanno un trascorso importante, ma hanno davanti anche un'isola vergine dove poter ricominciare correggendo quel che del passato si può migliorare. Che tipo di cittadinanza questi nuovi Stati si appresteranno a costruire, considerato che hanno la fortuna non comune di poter prescindere dall'eredità pesante degli stati-nazione da cui si stanno affrancando? E queste identità nascenti in che rapporto sceglieranno di porsi con le popolazioni che stanno varcando il mare alla ricerca di pace e pane e che sono portatrici di culture destinate necessariamente a entrare in dialettica con quelle che troveranno?

Lo *ius sanguinis* e lo *ius soli* non basteranno a risolvere questo incontro in modo efficace: non solo questi sistemi non offrono piú risposte, ma da anni sono diventati a loro volta domande, alle quali un Paese democratico deve ormai essere in grado di rispondere con chiarezza. Entrambi i sistemi di attribuzione della cittadinanza prescindono infatti dal dato di libertà a cui la nostra modernità attribuisce il massimo valore: la volontà personale che si esercita coscientemente attraverso la scelta. Nessun bambino si sceglie il sangue di nascita, né una bambina può determinare il suolo in cui vedrà la luce. Non ci sono meriti né colpe nel nascere in Europa o in Africa, in Asia o in America, eppure le attuali leggi europee (e l'orientamento restrittivo che le sta modificando in peggio per impedire ai migranti di continuare ad arrivare) sono molto chiare in merito: le merci possono circolare liberamente, ma le persone devono stare il piú possibile ferme nei luoghi in cui sono nate e cresciute, pena l'instabilità degli equilibri demografici e culturali faticosamente raggiunti.

Come è possibile tollerare che a determinare l'appartenenza sociopolitica e culturale delle singole persone sia il caso assoluto, o quantomeno due condizioni su cui non si ha la minima influenza? Accettare che a definire l'appartenenza originaria di qualcuno siano il sangue e il suolo non equivale a riconoscere che le occasionali condizioni di nascita siano un destino a cui sottrarsi non è consentito, se non a prezzo di un grandissimo sforzo personale che solo in pochi saranno poi in grado di compiere? Una nazione che dovesse arrivare oggi a definire la propria identità statuale non potrebbe prescindere dal dare risposta a queste domande, pena la ripetizione del sistema di negazione delle differenze a cui è scampata con la propria autodeterminazione.

Non è trascurabile il fatto che lo *ius soli* e lo *ius sanguinis* presentino controindicazioni rilevanti anche su fronti diversi dalla cittadinanza, perché ciascuno dei due sistemi di diritto incarna una visione ideologica precisa, un modo di stare al mondo che riguarda tutti gli aspetti del vivere insieme. Entrambi questi sistemi di definizione hanno limiti oscuri che la storia ci ha già ampiamente mostrato, ma che qui vale la pena ricordare.

Nel diritto del sangue si fondano tutte le strutture patriarcali: cosí come si eredita un patrimonio provando di essere eredi legittimi del proprio padre, cosí si eredita la cittadinanza rivendicando il sangue dei cittadini genitori. L'eredità sociale della cittadinanza di sangue è considerata un'estensione di quella familiare, e nel sistema di appartenenza alla patria di sangue sono inscritti inevitabilmente anche i concetti di razza e di famiglia. Un sistema democratico fondato sull'uguaglianza, dove hanno trovato posto i passi avanti nel riconoscimento della condizione femminile e della dignità dell'essere umano, non potrà piú accettare l'attribuzione della cittadinanza per diritto di sangue, perché la premessa fonderebbe anche la legittimità di tutte le conseguenti strutture di controllo e dominio.

Il principio di diritto che viene fatto derivare dal suolo è stato invece il nutrimento per tutte le battaglie di allargamento dei confini che hanno segnato la storia d'Europa. Lo *ius soli* è il padre degli imperialismi di ogni epoca e ha giustificato per secoli il mito del possesso della terra altrui anche a costo dell'assalto. Nell'epica del suolo c'è anche quella, molto piú attuale, della crescita infinita in altezza e in profondità: dove l'attribuzione del territorio non può piú essere perseguita allargando i confini, sarà diritto di suolo anche sfruttarlo in verticale secondo il principio romano del possesso dalle stelle all'inferno – *usque ad sidera, usque ad inferos* – fino all'estremo esaurimento delle risorse che offre.

Quel diritto non riconosce responsabilità né limiti di conseguenze: non appartiene alle generazioni future, che il suolo non l'hanno ancora calcato, né ai vicini confinanti, che di suolo hanno il proprio e possono farne ciò che credono. Appartiene solamente a chi lo esercita *hic et nunc*, perché se è il suolo a determinare il destino della sua comunità, in nome di quell'identità anche le comunità possono determinare il destino del proprio suolo, in un gioco di reciprocità distruttive dove vince sempre quello che pianta la bandierina per ultimo. Ma una società che ha maturato il concetto di bene comune, di solidarietà intergenerazionale e di rispetto ambientale non può far propria una cittadinanza attribuita in base all'assolutismo del suolo, a meno che non voglia accettare anche tutto il suo corollario simbolico. Quale altra cittadinanza è possibile, dunque? Esiste un modello di riconoscimento meno distruttivo che possa valorizzare le appartenenze collettive andando oltre lo *ius soli* e lo *ius sanguinis*?

La risposta non è semplice, ma i percorsi indipendentisti contemporanei possono essere formidabili laboratori di sperimentazione di nuove prospettive di cittadinanza. A modo loro, tutte le nazioni senza Stato che si stanno preparando alla gestione futura della propria autodeterminazione hanno in corso dei processi di ripensamento delle appartenenze; molte progettano da anni nuovi modelli di costituzione che prescindano dall'idea di un'identità nazionale fondata sulla pretesa dell'omogeneità culturale. Nelle società multiculturali contemporanee le lingue, i costumi, le religioni e le etnie che convivono sono tanti e già ora non è piú credibile che sia solo uno di essi a poter rappresentare il fondamento di un'identità comune, a meno di non voler fondare uno Stato sulle basi anacronistiche del nazionalismo etnico, cosa inverosimile anche per ovvie ragioni demografiche. Il calo della natalità europea è infatti cosí drastico che necessariamente una quota importante dei cittadini futuri dovrà provenire da altre nazioni. Queste persone si presenteranno alle porte del vecchio continente con l'eredità delle rispettive culture di appartenenza e rimetterle in gerarchia tra loro significherebbe creare le condizioni di un permanente conflitto nazionale; se nessuno vorrebbe vedere simili dinamiche in azione nel proprio Paese, tanto meno avrebbe senso porle all'origine di un processo di creazione di un soggetto politico autonomo. Che strada rimane?

Una risposta interessante e già praticata viene dall'esperienza del Canada, Paese tanto multiculturale quanto multietnico, che presenta peculiarità tali da incarnare un vero e proprio paradigma sia per il vecchio mondo che per il nuovo. Fondato in modo coloniale dalle due superpotenze monarchiche europee di Francia e Regno Unito, il Canada nasce col peccato originale dello sterminio quasi totale delle cosiddette prime nazioni, i nativi inuit, irochesi e algonchini, che oggi sono ridotti ad appena il 3 per cento della popolazione sul territorio canadese. Una volta eliminate le resistenze autoctone, le due nazioni-stato colonizzatrici europee si sono contese l'egemonia del territorio canadese per molti anni, imponendo alternativamente i loro sistemi linguistici, i loro rapporti di forza e il loro impianto culturale, fino a quando il dominio coloniale non è definitivamente passato in mano inglese nel 1763. Da lí in poi, nella progressiva acquisizione di autonomia postcoloniale che ha condotto il Paese alla piena indipendenza nel 1931, il Canada ha avuto molto tempo per rendersi conto che una molteplicità etnica interna di quella portata e una stratificazione culturale cosí complessa non potevano essere risolte replicando i modelli di partenza.

Benché ci fossero tutte le premesse perché uno Stato nato in modo cosí sventurato avesse i difetti di tutti i suoi padri espansi all'ennesima potenza, la soluzione trovata è stata diversa sia dalla matrice europea che dall'esperienza del melting pot americano, di cui il Canada avrebbe facilmente potuto subire l'influenza per contingenza geografica e affinità culturali. Il melting pot degli Stati Uniti, parola che significa «crogiolo», doveva funzionare esattamente come l'immagine che evocava, cioè sostenere una società multietnica che facesse convergere le differenze in un unico calderone, proprio come fanno i metalli fusi insieme, per farne emergere una sorta di lega sociale, una identità nazionale omogenea dove avrebbero vinto le similitudini e non le differenze.

Il Canada però ha fatto in tempo a vedere che il mito del melting pot statunitense aveva in sé il suo stesso fallimento: lungi dal generare la fusione perfetta che doveva dar vita alla cittadinanza risolta, il sistema americano generava centinaia di comunità etniche chiuse in sé stesse, il cui modo di agire socialmente era ed è rimasto quello della lobby identitaria. La ragione è evidente: benché portato avanti con metodi meno rigidi di quelli dell'integrazione europea, il melting pot rappresenta comunque un processo di assimilazione alla cultura anglosassone e parte dalla stessa premessa ideologica ed etnocentrica: quella che per mantenere la stabilità di un territorio dalla composizione variegata occorra affermare l'egemonia di una cultura sulle altre e subordinarvele.

La strada del multiculturalismo puro canadese è invece molto piú complessa, comporta fatiche sociali decisamente maggiori e richiede una determinazione politica ferrea, ma al momento sembra funzionare meglio della gerarchizzazione delle culture praticata in altri Stati: grazie alla legge sull'immigrazione del 1976, il Canada è oggi uno dei Paesi con piú immigrati (accetta una media di 250 000 nuovi ingressi non europei all'anno), un tasso di crescita economica molto rapido, un Pil tra i piú alti del mondo e un indice di sviluppo umano nettamente e costantemente superiore a quello degli Stati Uniti. Il primo ministro canadese Justin Trudeau, in un discorso sul sistema scolastico tenuto a Davos il 21 gennaio 2016 durante il World Economic Forum, ha spiegato con molta precisione che cosa si intenda in Canada quando ci si riferisce al processo del multiculturalismo:

«Invece che guardare al multiculturalismo come a un gruppo omogeneo a cultura dominante che in un dato giorno in una palestra scolastica visita diversi stand e vede per esempio i samosa da una parte e una danza berbera dall'altra, noi abbiamo intere scuole dove si celebra il Dewali, la festa delle luci, o dove si leggono gli oroscopi cinesi di ciascuno, o dove si ragiona tutti insieme di come sostenere i propri compagni che si preparano al Ramadan. È l'insieme delle esperienze culturali che diventa dominante in Canada e questo avviene proprio nella scuola pubblica, grazie al nostro modello educativo. Questa è l'unica risposta possibile alle persone che dicono: "Attenzione, questo popolo non si sta integrando abbastanza in fretta nel nostro sistema di valori!" Dobbiamo assicurarci che la nostra educazione fornisca alle persone gli strumenti per capire che non sono costretti a scegliere tra l'identità dei loro genitori e il loro essere pienamente cittadini canadesi.

Certamente ci sono comportamenti e attitudini che sono diversi in ogni cultura; che tu cresca da giovane mussulmana di seconda generazione nel Canada odierno significherà probabilmente che avrai difficoltà di dialogo con i tuoi genitori a proposito del fatto che ti metti il rossetto o che esci con un ragazzo indiano, ma nessuna di queste cose può indebolire la trama della tua identità e della società a cui appartieni. Questo processo non è facile, non si può realizzare nel giro di una notte, ma un sistema educativo aperto e inclusivo, un circolo di amici, è esattamente quello per cui dobbiamo lavorare nelle nostre comunità».

Quelle del premier canadese sono parole ispirate, ma anche molto pratiche. Il multiculturalismo è difficile, non è una cosa che si possa realizzare in una notte ed è un processo che non si può considerare mai completamente compiuto. Il riferimento alla ragazza mussulmana mette il dito nella piaga del conflitto che in Europa si percepisce con piú forza: quello con la cultura islamica, che ha nelle sue attuali declinazioni storiche alcuni valori che si presentano come opposti a quelli che le società occidentali hanno faticosamente maturato, per esempio il riconoscimento basilare che le donne sono persone con uguali diritti.

Al di là del linguaggio colloquiale del contesto, Trudeau non dice che in nome del multiculturalismo la società canadese debba accettare che alla donna sia impedito di gestire il suo corpo e le sue relazioni in autonomia; dice che il conflitto tra le diverse visioni di autonomia della donna sta in capo alle persone che lo vivono e che saranno loro stesse, sentendosi riconosciute come parte sociale paritaria, ad aggiustare al rialzo la sensibilità sui diritti, generazione dopo generazione. L'esperienza canadese parte dal presupposto che l'apertura generi altra apertura, mentre l'esistenza di una gerarchia culturale consolida le posizioni in contrasto e le trasforma in irreversibili marcatori identitari, secondo i quali la definizione sociale procederà per negazione: «Noi siamo quello che Loro non sono»[3].

La sola forma di cittadinanza che va nella direzione di una diminuzione del conflitto sociale è quella che riconosce valore cogente non al sangue, al suolo o a una presunta cultura superiore, ma alla volontà di ap-

[3] B. Caltagirone, *Identità sarde. Un'inchiesta etnografica*, Cuec, Cagliari 2005.

partenenza di chi richiede la cittadinanza. È cittadino chi sceglie di riconoscersi nel destino quotidiano di una data comunità costituita e affronta il percorso per farsene riconoscere partecipe, senza che questo implichi l'adesione a qualcosa di diverso dalle leggi che quella comunità si è data. Quel percorso, che potrebbe essere definito come esercizio di un ancora inesistente *ius voluntatis*, è possibile solo a patto che si riconosca la differenza sostanziale tra il concetto di appartenenza nazionale, che è una, e quello di identità, che proprio come in Canada può invece presentarsi in forma molteplice persino all'interno dello stesso nucleo familiare di cui si fa comunque parte. Se infatti si può essere identici solo a chi ci è già simile, è altrettanto vero che si può scegliere di appartenere – «essere una parte di» – anche a chi simile non ci è.

L'identità collettiva è un costrutto immaginario; fondare una comunità politica su di essa innesca continui processi di disconoscimento dell'altro, perché nessun cittadino reale possiede in toto i marcatori culturali che gli consentirebbero di essere perfettamente identico al modello dell'inesistente cittadino ideale. Se il filtro della legittimazione civile fosse davvero quello dell'identità culturale, nessuno sarebbe mai abbastanza italiano, francese, inglese, tedesco o altro da scampare alla dialettica della negazione, quella che ti fa guardare l'altro pensando: «lui non è uno di noi». Laddove l'identità sorge per distinguere, e quindi per dividere, l'appartenenza è invece uno strumento costruttivo, che integra le fratture e permette di riconsiderare le differenze reciproche come un valore collettivo. È nel riconoscimento delle appartenenze, e non dell'identità, che può fondarsi il concetto di comunità in senso morale, cioè pienamente umano.

Nonostante questa evidenza, la scelta del Canada resta un'eccezione e non incontra alcun favore in Europa. Arrivare a questa prospettiva appare infatti molto difficile da questa parte dell'oceano, specie se si parte da una nazione-stato concepita secondo tutt'altri criteri. La prova di questa difficoltà l'ha data la stessa Italia nel 2015 durante l'approvazione delle nuove procedure per l'attribuzione della cittadinanza ai bambini nati in Italia da immigrati non cittadini. Con quella riforma, che voleva porre rimedio all'ingiustizia del disconoscimento causata dal tradizionale *ius sanguinis*, i figli degli stranieri potevano ottenere lo status di cittadino dello Stato italiano anche tramite lo *ius soli*, ma solo se affiancato da un pretestuoso *ius culturae*, cioè non prima di aver frequentato cinque anni di scuola italiana. Il solo scopo di una simile pretesa è confermare l'egemonia di un sistema culturale come denominatore comune ineludibile.

Inutile dire che se gli italiani venissero sottoposti alla verifica dello stesso marcatore identitario della cultura nazionale a cui vorrebbero sottoporre i figli degli stranieri, molti cittadini per sangue e per suolo probabilmente non passerebbero l'esame. La natura fittizia dell'identità nazionale impone infatti che essa venga continuamente verificata, mentre l'appartenenza alla comunità è una dimensione di autoriconoscimento, e può tanto confermare l'identità culturale vigente quanto smentirla senza che questo abbia alcuna influenza sul patto sociale, dato che non è l'identità culturale a fondarlo. In questa logica potrebbe acquistare una nuova attrattiva anche il termine «confine», che etimologicamente non indica un muro o un filo spinato che sbarra l'accesso, ma il luogo simbolico in cui si è destinati a «finire insieme», un punto dove i limiti di ciascuno si danno appuntamento per riconoscersi a vicenda. Per giungere a questo orizzonte ideale, l'unico che può formulare una cittadinanza fondata sullo *ius voluntatis*, occorre essere consapevoli che i confini dell'identità non ci circondano, ci attraversano.

II.
Abitare la democrazia

La bellezza è una questione politica. Ogni volta che ce ne scordiamo o che la consideriamo secondaria ci ritroviamo in mano a governanti che della politica non hanno alcuna visione estetica e, convinti che il mondo si possa ridurre a funzione, agiscono dimenticando che invece è relazione. C'è un legame molto stretto fra bellezza e rapporti di potere, specialmente quando la bellezza si esprime nell'organizzazione dello spazio in cui il potere si esercita in modo piú evidente, cioè quello urbano, dove le persone vivono, lavorano, realizzano i loro sogni e crescono i figli.

Da sempre chi detiene un dominio cerca di mettere l'architettura urbana sotto il proprio controllo, affinché riproduca negli spazi le gerarchie e l'idea di cui desidera perpetuare la rappresentazione. I politici di tutte le latitudini sembrano sapere per istinto che chi progetta spazi progetta comportamenti, e dunque che, se si desiderano dalla gente determinati comportamenti sociali, è dal potere performante degli spazi urbani che occorre partire. È una questione di forza, di ordine contro disordine: controllare i canoni di espressione della bellezza significa controllare il seme di insubordinazione, di invincibile sovversione, che la bellezza sempre nasconde in sé. Chi nasce nella bellezza crescerà convinto di meritarsi un mondo bello e sarà difficile persuaderlo ad accontentarsi di qualcosa di meno. Ragionare del rapporto fra potere e bellezza è quindi uno degli atti piú politici che si possono fare guardando al futuro, ma per farlo occorre mettere meglio a fuoco cosa intendiamo per bellezza, che è un concetto tutt'altro che neutro.

C'è un pregiudizio molto diffuso in Italia, espresso con frequenza preoccupante anche da amministratori e personaggi pubblici a vario titolo, che pretenderebbe che nel Bel Paese si trovi concentrato nientemeno che il 60 per cento del patrimonio artistico mondiale. Questo eccesso di autostima nazionalista, oltre a rivelare una certa sottovalutazione della capacità di fare arte in tutti gli altri continenti messi insieme, confonde la quantità con l'influenza. Se è megalomane affermare che piú della metà di quello che definiamo bellezza artistica si trovi in Italia, è però corretto dire che dal bacino mediterraneo è partita e si è affermata l'egemonia dell'idea di arte occidentale cosí come l'abbiamo intesa negli ultimi mille anni.

Nel Mediterraneo l'Italia si è trovata per secoli a essere crocevia storico, economico e geografico e questo ha favorito il fatto che, per un lunghissimo lasso di tempo, sul suo territorio si siano radunate e perfezionate sensibilità artistiche di cosí ampio respiro, dalla pittura alla scultura, dall'architettura all'ingegneria, da aver finito per influenzare l'immaginario mondiale fino a determinarne alcuni canoni estetici che resistono ancora oggi. Oltre ai quadri di Raffaello e Caravaggio, alle sculture di Bernini, alle progettazioni di Brunelleschi e alle invenzioni di Leonardo, una quota sostanziosa di questo immaginario la si ritrova anche nell'architettura urbanistica, al punto che molto di quello che definiamo «bello» nei pieni e nei vuoti delle nostre planimetrie urbane, anche quelle piú moderne, è fondato sulla concezione classica e rinascimentale dell'organizzazione dello spazio umano.

Passeggiando per i centri storici dei paesi medievali, prendendo un gelato in una piazza barocca o chiacchierando all'ombra di un colonnato rinascimentale ci si ricorda poco che tutta quell'armonia è stata concepita in periodi storici in cui probabilmente non avremmo voluto vivere, espressione di sistemi violenti e non democratici segnati da fortissime diseguaglianze economiche e sociali. Di quale modo di stare insieme è figlia l'idea di bellezza che definiamo classica? Le chiese barocche, i monumenti al trionfo con le fattezze dei vincitori, le fontane scolpite, le torri svettanti, i castelli medievali, i giardini a labirinto e le tombe imponenti da quale idea di mondo sono stati generati?

Quell'eredità urbanistica è una contraddizione permanente e una sfida alla nostra idea di bellezza come espressione di armonia sociale: la linea tracciata da quei progetti corrisponde a una lunga sequenza di monarchie, papati, oligarchie finanziarie e mercantili, aristocrazie con esercito e anche, sul finale della nostra storia recente, dittature. Dietro ogni chiesa c'è l'orgoglio di un pontefice, dietro ogni monumento al vincitore ci sono anni di guerra per il potere, dietro a ogni castello c'è una gerarchia di padroni e servi. Alla base di tutto quello che chiamiamo «meraviglia architettonica» si intravede con chiarezza la concezione violenta di una strutturale disuguaglianza sociale. La cosiddetta bellezza classica non è la gemma che fiorisce all'estremità di un sistema di convivenza armonico, ma è frutto dell'imperio di pochi mantenuto con la forza del ferro laico o del simbolo religioso. Prenderla a modello senza tenere conto di questo dato significa agire senza consapevolezza in scelte che hanno invece un'enorme valenza collettiva.

Con l'evoluzione dei sistemi sociali le cose sono migliorate poco. Nel Novecento il rapporto fra organizzazione dello spazio e rappresentazione del potere si è fatto sí piú scoperto, ma spesso con risultati deprecabili, specialmente quando chi comandava ha avuto l'ambizione di rappresentare una soggettività collettiva, piuttosto che la gloria di un singolo potente, come era stato negli anni del potere papale e delle aristocrazie rinascimentali. Gli interventi di narrazione urbanistica piú violenti e rapidi li hanno portati infatti le dittature, forme politiche che hanno la disastrosa caratteristica di detenere un potere illimitato per un tempo limitatissimo, combinazione che genera una fretta di autorappresentazione di cui le centenarie casate medievali di certo non avevano necessità. Dall'importante riprogettazione di Roma sotto il fascismo mussoliniano fino al furore ideologico dei regimi comunisti, molte città europee durante il Novecento hanno preso la forma dei mondi che i nuovi padroni avevano per orizzonte e i loro centri storici hanno pagato il prezzo piú alto a quella riscrittura della storia a colpi di bulldozer.

Uno degli interventi piú violenti e cronologicamente vicini a noi avvenne nella città di Bucarest, il cui centro nel 1977 venne distrutto per un quinto per fare spazio alle forme di una tardiva e corrotta architettura comunista. Furono molti i suicidi degli abitanti che non volevano abbandonare le trentamila abitazioni destinate a essere rase al suolo, e le ruspe di Ceauşescu operarono senza ritegno la distruzione di molti importanti monumenti storici della città, fra cui ventuno chiese cristiane e sei sinagoghe. Al loro posto sorsero palazzi dalle facciate monumentali di struttura neoclassica tipici dell'architettura socialista, ma impataccati con dettagli vistosi che nelle intenzioni del dittatore dovevano forse incutere timore e reverenza. Tra queste costruzioni la piú smaccata per gigantismo è il Palazzo del Popolo, oggi Palazzo del Parlamento, grande piú della Piramide di Cheope, ma lasciato incompleto per il 30 per cento a causa dei costi altissimi della sua realizzazione. Attualmente è la sede della Camera dei deputati e del Senato, adibito alla rappresentanza democratica a dispetto del fatto che sia stato concepito con le intenzioni meno democratiche possibili.

Nel frattempo però in Europa a confrontarsi con i cambiamenti urbani c'erano anche le democrazie: se l'architettura, oltre a organizzare spazi, esprime e conferma rapporti di potere, è lecito chiedersi quale fosse l'idea di bellezza che dal dopoguerra in poi, con in mano la grande opportunità della ricostruzione urbanistica, avrebbe dovuto raccontare la pari dignità che derivava dalla comune cittadinanza. Comprenderlo guardandosi intorno oggi in Italia non è facile, a meno di non voler considerare l'ipotesi che una tensione estetica, oltre che etica, dietro certi progetti urbanistici proprio non ci fosse.

L'edilizia popolare della seconda metà del Novecento era certamente una grande occasione per dimostrare la creatività architettonica applicata al concetto di uguaglianza e giustizia. C'era un precedente illustre: i quartieri romani della Garbatella e di Monte Sacro negli anni Venti erano stati teatro di sperimentazione per la costruzione di abitazioni per la classe operaia, agglomerati provvisti di casette con giardino edificate secondo una mentalità urbanistica di matrice anglosassone che strizzava l'occhio alla Garden City di Ebenezer Howard. La prospettiva era quella della città ideale che per costruire la propria idea di bellezza partiva proprio dalla classe sociale meno abbiente.

L'edilizia popolare italiana prodotta dopo la seconda guerra mondiale ha invece finito per essere una prova abbastanza spietata della scomparsa totale di un'aspirazione a una bellezza che potesse essere alla portata di tutti. Lo Zen di Palermo, le case popolari di Quarto Oggiaro alla periferia di Milano e il blocco abitativo degli anni Settanta nel quartiere di Sant'Elia a Cagliari sono solo tre delle decine di esempi possibili in cui appare evidente quanto possa essere disastrosa l'assenza di un'idea di bellezza nella progettazione di uno spazio abitativo urbano. Pensati come isole ai margini della città – palazzoni a blocco tutti identici spesso sorti prima delle infrastrutture primarie e secondarie destinate a servirli –, questi quartieri sono nati sin dall'inizio con lo statuto di ghetto, luoghi da cui la città non si vede e nei quali per la città si diventa invisibili. Nascerci dentro diventerà una colpa sociale.

È significativo osservare come la scheda di studio dell'Università di Parma dove si descrive lo Zen 2 di Palermo riveli tutt'oggi il pregiudizio che circonda(va) questo tipo di spazi, persino tra gli addetti ai lavori: «*Il quartiere* – recita la scheda – *è specchio della pesante situazione politica e sociale, con alti tassi di dispersione scolastica e microcriminalità*». Se dovessimo prestare fede a questa lettura, il quartiere ci apparirebbe degradato proprio in conseguenza del fatto che degradata è la vita delle persone che lo abitano, sul fondo dell'illegalità e senza prospettive di ascesa. Ma nessuno nasce degradato: degradati si diventa per induzione e la bruttezza del contesto gioca una parte importante in questo processo di annichilimento sociale degli individui e del loro insieme. Il pensiero che sia la situazione sociale a essere favorita dalla bruttezza del ghetto in cui quelle persone erano state costrette ad andare ad abitare, era ed è ancora lento da maturare, benché quarant'anni dopo la costruzione dello Zen sia stato lo stesso architetto progettista Vittorio Gregotti a ricordare a tutti la necessità di questa presa di consapevolezza[4].

Qual è dunque lo spazio urbano che meglio parla di democrazia nel Novecento? Negli anni ho rivolto questa domanda sia a comuni cittadini che ad addetti ai lavori che per mestiere progettano o ragionano sui progetti degli altri. Non sorprende che per i profani quel che meglio rappresenta l'idea dello stare insieme democratico sia la piazza, concepita come una sorta di elemento architettonico naturale senza il quale non sarebbe concepibile la città medesima. In piazza si va a passeggiare senza meta, a protestare contro una decisione amministrativa, a commerciare e fare acquisti, a festeggiare il capodanno, lo scudetto o una vittoria elettorale. È uno spazio aperto, che appa-

[4] V. Gregotti, *Tre forme di architettura mancata*, Einaudi, Torino 2010.

rentemente non ha altra funzione che far convergere strade e persone nel cuore stesso dell'idea di città, ornata dal meglio che l'arte urbana possa concepire e allo stesso tempo rispettosa di quel vuoto che spetta ai cittadini riempire secondo il loro bisogno. A sostegno del fatto che potrebbe davvero essere la piazza lo spazio democratico per eccellenza, nelle società non democratiche le piazze sono temute o comunque temibili, transennate come bestie tenute in gabbia, riservate alle parate militari per uso esclusivo della rappresentazione del potere. Oppure sono disinnescate del loro valore attrattivo con divieti di assembramento che impediscono la formazione di gruppi di persone di numero superiore a un nucleo familiare medio, oltre il quale scatta l'attenzione della polizia e la conseguente dispersione, perché nei luoghi a libertà limitata stare insieme è reato. La piazza sembra avere un cuore di caos che spaventa i tutori dell'ordine costituito.

Eppure, contrariamente al sentire comune, i suoi volumi aperti non sono uno spazio spontaneo dell'organizzazione urbana, ma il frutto maturo della nostra cultura, di una concezione prima classica e poi europea di città. Dall'agorà al foro, fino alle attuali brutture urbane con rotonda che sembrano aver perso la funzione rappresentativa comune per ridursi ad area di smistamento del traffico, la piazza è un affare culturale essenzialmente occidentale. In tutto il Medio Oriente le stesse funzionalità – commercio, protesta, esultanza – vengono svolte da secoli nei vicoli delle città e alle sue porte, che si rivelano spazi popolari non meno efficaci dell'ampiezza con o senza colonnato a cui noi siamo abituati.

La piazza è una funzione urbana che per molto tempo è stata rilevante e in parte lo è tuttora, ma potrebbe non essere cosí per sempre. Le cose sono cambiate. Il commercio al dettaglio da trent'anni si è già allontanato dai centri storici, emigrato in quelli commerciali che brillano di una luce senza orario e hanno la temperatura giusta in tutte le stagioni. La protesta ha sempre meno bisogno della piazza centrale per esprimersi, perché diverse sono oggi le modalità d'espressione del disagio sociale. La piazza, che un tempo era sinonimo di folla umorale in preda a un dissenso che aveva i suoi mediatori a farsene portavoce, oggi è il luogo delle passeggiate borghesi e dello shopping a tre cifre. La generazione che non si è mai iscritta al sindacato preferisce spazi di periferia dove la rabbia può facilmente diventare liquida e far perdere le tracce prima che arrivino in divisa a chiederle le generalità. Le città di provincia, quelle dove le piazze sono ancora luoghi vissuti, hanno preso da anni l'abitudine a chiamarle «salotto cittadino»; ma in salotto per definizione non si siede il primo che passa: bisogna averci il vestito buono, del salotto ci vogliono i modi e i tempi, e forse l'attitudine a riconoscersi in uno spazio dove il disordine, filmato ormai da telecamere di vigilanza accese ventiquattro ore al giorno, non è piú il benvenuto.

Il disordine – inteso come manifestazione imprevista di azioni umane considerate «fuori luogo» – è un cittadino permanente delle nostre comunità, eppure non gode di grande considerazione nella testa dei pianificatori di spazi e di comportamenti. L'idea che per preservare l'armonia di una comunità sia necessario conviverci e persino rispettarne una certa quota è completamente assente dalla riflessione sull'organizzazione dei luoghi urbani. La prospettiva che possano esistere spazi senza funzione predefinita, o peggio ancora, comportamenti per i quali non sono stati predisposti degli spazi, è odiosa a qualunque ufficio tecnico. La convinzione che ciascuna attività del vivere comune debba essere svolta dove è stato previsto è cosí solida che tutte le azioni che si svolgono fuori da uno spazio deputato sono per loro stessa natura prive di legittimità civica, abusive e pericolose. Il paradigma ingegneristico è il medesimo che applicavano le casalinghe d'antan afflitte dall'ossessione del rigovernare: «un posto per ogni cosa e ogni cosa al suo posto».

Per far rispettare questa rigidità le amministrazioni hanno a disposizione un ricco armamentario: oltre al Codice civile e penale, esistono i regolamenti comunali e sono pronti all'azione i vigili urbani, specifica forza dell'ordine per prevenire, appunto, gli odiati disordini. In questo malinteso senso di armonia urbana il commercio fuori dai luoghi preposti è sempre abusivo, la scritta sul muro è vandalica per definizione, la partitella in strada è disturbo della quiete, un gruppo di ragazzi seduti per ore sugli scalini di una chiesa è assembramento molesto, seminare a gerani un'aiuola comunale è occupazione di suolo pubblico e qualunque manifestazione di protesta o di giubilo che non si svolga dentro un tracciato concordato con le autorità è ovviamente illegale.

La pretesa di stabilire un ordine totale, urbano quanto sociale, si nutre di alcune convinzioni prive di fondamento, la prima delle quali è che i comportamenti umani siano tutti prevedibili e collocabili, cosa non vera. La seconda è che, se è vero che chi progetta spazi progetta comportamenti, allora forse negare spazi alle azioni indesiderate le farà sparire. La terza, la meno fondata di tutte, è che il disordine sia automaticamente l'anticamera del degrado.

È vero invece il contrario: il disordine è un elemento strutturale e qualificante del vivere insieme democratico. Una certa quota di disordine è infatti parte indispensabile della dialettica fra consenso e dissenso; desiderare che sparisca significa sognare mondi totalitaristi, dove il perfetto ordine è figlio della repressione e ogni forma di espressione alternativa viene privata di legittimità e cancellata con la forza. Se per i sistemi totalitaristi qualunque dissenso è in sé stesso dis-ordine, per quelli democratici dovrebbe essere vero il contrario: il contrasto non solo è previsto, ma dovrebbe avere spazi adeguatamente predisposti per potersi esprimere ed essere considerato.

Da questa prospettiva può succedere che quello che sbrigativamente definiamo «disordine urbano» sia spesso l'unico modo in cui il dissenso di alcune categorie sociali può far udire la propria voce, altrove sfrattata: non è togliendogli spazio che lo si tacita. Il senzatetto che dorme sulla panchina della piazza è certamente un elemento di disordine, ma pensare di risolvere il problema espiantando le panchine dalla piazza è demenziale sia sul piano urbano che su quello sociale. Il muretto dove gli adolescenti si radunano spontaneamente per passare i pomeriggi tra schiamazzi e accelerate in scooter non è stato previsto in alcun piano regolatore, ma mandare i vigili a sgomberarlo significa ignorare l'evidenza che in quel quartiere ci sia una necessità aggregativa che nessun altro luogo sta svolgendo, eccetto quel muretto. Se la pensionata col pollice verde ha piantato abusivamente un ficus benjamin nell'arida aiuola pubblica davanti al suo palazzo, forse la categoria piú corretta con cui gestire l'evento non è quella del reato di occupazione di suolo pubblico. Queste forme di autonomia, intese proprio nell'atto di dare nome, quindi senso, a spazi abbandonati o pensati per altro, sono vivacità sociali che un amministratore accorto dovrebbe trovare il modo di ascoltare e valorizzare.

Non tutti i modi però sono efficaci. Ci sono sindaci animati dalle migliori intenzioni che, nel momento in cui si rendono conto che ci sono dei comportamenti che non spariranno semplicemente negando loro lo spazio, spesso provano a fare l'opposto: predispongono dei luoghi per il disordine, incuranti o inconsapevoli di entrare in corto circuito con la natura stessa del comportamento caotico. Cosí, per evitare che i writers imbrattino i monumenti o i muri privati dell'ennesima zona residenziale, anonime pareti pubbliche di quando in quando vengono imbiancate a spese comunali nella speranza che i ragazzi comincino a usarle come tavolozza, spostando il loro comportamento disordinato lí dove è stato predisposto che torni a essere in ordine. Naturalmente non accade mai nel modo auspicato, ma è impossibile non provare tenerezza per l'ingenuità di chi lo ha immaginato.

È difficile far comprendere che, dove le persone vivono insieme in modo organizzato, una certa quota di caoticità degli spazi è spazio essa stessa, un'intercapedine di creatività e potenzialità in cui possono tornare a farsi udire voci che nella progettazione piú rigorosa non era stato previsto che si potessero esprimere. La formula piú vicina a questa esigenza è rappresentata dai luoghi polisemantici, che possono rispondere a piú esigenze contemporaneamente e piegarsi anche a funzioni non del tutto previste. Sono quelli che meglio rispettano la necessaria tensione democratica fra ordine e disordine, fra cittadini consenzienti e appagati e cittadini portatori di dissenso e spesso anche di disagio. Quei luoghi possono dare domicilio alla biodiversità sociale, incarnando ciò che il paesaggista Gilles Clément definí «terzo paesaggio»[5] in riferimento agli spazi imprevisti in cui la vegetazione non selezionata, quella espulsa dai campi coltivati e dalle città cementificate, poteva esprimersi con una libertà caotica che garantiva le condizioni della vita anche agli spazi antropizzati, che paradossalmente l'avevano scacciata. Nell'accettazione di quella certa quota di caos, di solito decisa dal caos stesso, trova

[5] G. Clément, *Manifesto del terzo paesaggio*, Quodlibet, Macerata 2005.

spazio l'ipotesi che la bellezza possa ancora prenderci di sorpresa, e non solo essere programmata nei piani regolatori.

Cosa resta della bellezza per tutti nella città del futuro?

Due case civiche mi sembrano poter in parte accogliere il mite *genius loci* che ci si aspetta da una società senza dominatori; entrambe, pur diversissime per collocazione e scopo, hanno la stessa vocazione: superare la funzione per far spazio alla relazione.

La prima di queste case civiche è il fenomenale Istituto del mondo arabo a Parigi, l'edificio europeo che dentro a una metropoli cosí variegata per culture meglio interpreta l'incontro fra diversità, fra alto e basso e fra vicino e distante. Progettato da Jean Nouvel e aperto al pubblico nel 1987, l'Istituto è una struttura che esercita pedagogia urbana già a partire dalla sua semplice presenza fisica. Da un lato dialoga con la riva della Senna dove la città ha il suo cuore piú europeo, dall'altro sfoggia una straordinaria facciata arabeggiante composta da duecentoquaranta *moucharabieh* (elementi traforati a motivi geometrici tipici dell'architettura araba) metallici automatici che cambiano la loro apertura a tutte le ore, filtrando la luce come otturatori fotografici. La visione di quella facciata è allo stesso tempo antichissima per grafismo e avveniristica per tecnologia ed entrambi sono perfettamente percepibili anche all'occhio profano. L'effetto di questo strano matrimonio di senso è, prima ancora che estetico, politico.

Nato per favorire le relazioni diplomatiche tra Francia e Paesi arabi in prospettiva di risanamento delle ferite postcoloniali, l'edificio è costruito con il contributo economico, oltre che dello Stato francese, dei ventidue Paesi membri della Lega Araba e rispecchia le due anime della committenza in maniera sintetica, ma non confusa. Il primo scopo è museale: l'Istituto ospita una collezione permanente di meraviglie della millenaria cultura araba e fa ruotare mostre temporanee di grande impatto che mirano a far conoscere meglio la storia dei Paesi partner del progetto. L'edificio, frequentatissimo dai parigini, integra anche un caffè, un ottimo ristorante libanese, un belvedere con vista sulla Senna e su Notre-Dame, una biblioteca e un luogo di studio illuminato dagli intarsi di luce proiettati al suo interno a tutte le ore dalle variabili aperture dei diaframmi dei *moucharabieh*.

Al di là della vocazione espositiva, l'Istituto è un luogo di transito vivo e dialogante: gli arabi, i figli di seconda e terza generazione degli immigrati dalle ex colonie che i francesi chiamano non sempre amichevolmente «beurs», trovano qui la prova di appartenere a una cultura complessa ed evoluta, capace di produrre arte di primissimo livello e storia millenaria degna di essere ricordata. È difficile immaginare che possano entrare fra le sue pareti e uscirne ancora disposti a essere considerati l'ultimo anello della società francese.

Questo però non implica che per i parigini l'edificio sia un atto d'accusa per gli imperialismi coloniali trascorsi, né un luogo estraneo, ma piuttosto una casa propria, inserita nel cuore stesso della città, accanto ad alcuni dei suoi simboli piú forti. Allo stesso tempo è uno spazio in cui si è ospiti graditi di un'altra cultura, la seconda piú importante di Francia, di cui dai mass media si impara poco e spesso il peggio. L'Istituto è un crocevia di sguardi che altrove forse non si intreccerebbero mai, un luogo di pace possibile dove le culture si siedono fianco a fianco nella quotidianità di un caffè o di una sigaretta con bellavista. L'architetto, profondo conoscitore di entrambe le sensibilità in gioco, è riuscito nello scopo di creare uno spazio aperto a tutti che fosse allo stesso tempo rappresentativo del miglior passato, qualificante per il presente e d'auspicio per il futuro. Sono anni difficili quelli che abbiamo davanti e nessuno può dire cosa accadrà ai rapporti tra la Francia e l'intera Europa e i Paesi arabi da qui a venire, ma quel luogo resterà in piedi a suggerire a tutti con la sua bellezza un'incontrovertibile verità: due muri portanti di culture diverse possono reggere con intelligenza un tetto sotto al quale insieme si può star bene, al riparo.

Il secondo spazio urbano che rientra in una prospettiva di ricerca di bellezza contemporanea è tutto italiano ed è la biblioteca Salaborsa a Bologna. Anche in questo caso è il contesto il primo elemento narrativo che connota il luogo, ma il merito non è di alcun architetto. L'edificio che ospita la biblioteca aveva infatti già una sua storia, resa visibile dal pavimento trasparente da dove si scorgono le tracce archeologiche di tre diverse epoche e culture: quella villanoviana, quella felsinea etrusca e quella della Bononia romana. Su quei resti la vicenda dell'edificio si è stratificata a vista. Per sette secoli lo spazio che oggi ospita la biblioteca è stato la sede di qualsiasi attività pubblica di qualche rilievo per la città di Bologna: ufficio delle poste, banca, orto botanico, ristorante, borsa cittadina e persino palazzetto dello sport. Questa vita rocambolesca ha permesso un restauro che le ha regalato un fascino pop, consentendole di tenere insieme coerentemente tutti gli elementi architettonici che la segnano, dall'abbacinante soffitto tardo-liberty agli arredi modernissimi e colorati sui quali ci si può sedere a riposare dal passeggio. La sua destinazione a biblioteca è del 1999 e lo spazio è operativo come tale dal 2001 attraverso un servizio dedicato espressamente all'informazione contemporanea, multimediale e interculturale.

Non era scontato che uno spazio di servizio funzionasse anche come collettore civico. Una biblioteca è un luogo pubblico e democratico per sua stessa vocazione, ma quasi mai le biblioteche tradizionali sono mete vissute dalla comunità come aperte al di là del servizio che offrono. Sono piú spesso spazi defilati dove occorre andare appositamente e quasi sempre osservano orari limitati, sono oppresse da un silenzio sacrale e il loro uso appare riservato ai fruitori di libri, psicologicamente respingente per chiunque altro. Nella mentalità comune nessuno porta i bambini a passeggio in biblioteca, né va a prenderci un caffè. La conformazione e la posizione di questa specifica esperienza bolognese invece lo consentono e questo determina la differenza tra il progettare rigidamente un luogo funzionale con un solo scopo e l'immaginare molti scopi relazionali convergenti in un solo luogo. Dal punto di vista della qualificazione dell'esperienza urbana, Salaborsa è probabilmente una realtà unica nel suo genere in Italia, anche solo per la sua peculiare collocazione: si affaccia su piazza Maggiore e la vita stessa della città le scorre tanto davanti che dentro; per entrarci nei giorni di sole occorre dribblare i ragazzi e le ragazze che siedono a chiacchierare sui suoi gradini, evidentemente a casa propria in quello spazio comune.

Entrambi gli edifici sono andati oltre quello che ci si fa dentro e sono divenuti mete in sé stessi, luoghi dove si va anche solo perché andarci è bello e rientra nelle libertà civiche che chiamiamo diritti. In effetti, se esistesse un diritto pubblico alla bellezza, quelli sono luoghi che lo garantirebbero a tutti. Non è importante che siano piazze e bar, biblioteche e musei. La categoria della destinazione d'uso non è applicabile a quello che ci si fa dentro, ma a chi dentro ci va e trasforma quell'andare in un'esperienza civica. In un'ottica democratica è piú importante invece capire in che modo gli spazi urbani interpretati da Salaborsa e dall'Istituto del mondo arabo abbiano risolto la dialettica fra centro e periferia che divide le nostre città, nonché quella molto piú sottile fra ordine e disordine.

La questione del confronto fra centro e periferia in particolare è un fatto che interpella senza alibi proprio le ultime due generazioni. Le molte periferie che oggi circondano le nostre città non sono infatti nate cinquecento anni fa sotto il dominio arbitrario di un signorotto rinascimentale: sono sorte quando la democrazia c'era già. La loro invivibilità significa che non siamo riusciti a far evolvere il concetto urbano di bellezza dai tempi dell'ingiustizia a quelli dell'uguaglianza. La stessa dicotomia di centro e periferia è interpretabile e per certi versi lo è in contrapposizione: quella naturale e quella culturale. In natura il rapporto di interscambio tra ciò che è centrale e ciò che è periferico è sintetizzato dal movimento del cuore, centro propulsore e motore del nostro corpo, che nella dinamica di sistole e diastole cancella la gerarchia fra centro e periferia, perché tutto risponde a una logica di operatività comune. Non ci sono luoghi del degrado in questo processo.

Negli organismi urbani questo interscambio virtuoso purtroppo si interrompe. Dipende dal fatto che gli organi del nostro corpo e le loro funzioni non sono in competizione, ma in sinergia. Non è cosí nella nostra società, dove il centro è un luogo simbolico, non solo fisico, dove vengono concentrate tutte le bellezze, tutti i servizi, tutte le dimensioni realizzate dello stare insieme, mentre la periferia rappresenta il luogo dove lo scarto, il degrado, la qualità di vita inferiore trovano il loro domicilio. Viviamo in una società a matrice centrifuga, e questa parola crea la realtà che descrive: è il concetto stesso di centro che genera i suoi margini e dunque, come ne fosse l'inevitabile conseguenza, dà forma anche ai suoi emarginati. In una società che esprime continuamente dei margini per mantenere il suo centro, non si può davvero discutere del rapporto fra centro e periferie senza mettere in discussione il meccanismo che li regge in contrapposizione. Se vogliamo riportare la periferia – cioè tutti gli Zen di cui sono circondate le nostre città – all'interno di un discorso di bellezza e dignità, dobbiamo riconoscere che la ragione per cui i margini urbani si generano attualmente è strutturale al modo in cui stiamo insieme nella nostra società. E cominciare a discuterlo.

Per questo chi progetta spazi non può affrontare la questione della bellezza senza essere consapevole del suo diretto rapporto con la giustizia. Tra queste due esigenze c'è un legame che non può essere disgiunto e ciò che è bello, se vuole essere etico oltre che cosmetico, non può prescindere dalla tensione costante a essere anche giusto. Se quello che definiamo bello nelle nostre città viene in realtà dall'accettazione dell'ingiustizia come elemento strutturale dello stare insieme moderno, reiterare quel tipo di bellezza significa progettare ancora le premesse perché sorgano ulteriori luoghi di emarginazione. Ricominciare a pensare in termini di bellezza e giustizia degli spazi umani significa anche tornare a prenderci cura dei luoghi marginali che ci sono ora, che abbiamo ereditato o creato e non possiamo abbattere, ma di cui dobbiamo ridefinire l'ossatura, affinché quello squilibrio di pieni e vuoti non continui a determinare lo squilibrio sociale tra persone di serie A e persone di serie B.

III.
Capitani contagiosi

Le relazioni umane sono sempre anche rapporti di potere, e piú esse sono strutturate e complesse, piú quel potere deve a sua volta strutturarsi per mantenere l'equilibrio tra chi vive la tensione al controllo e il giusto timore di chi il controllo lo vorrebbe evitare. Immaginare una società senza poteri in conflitto è impensabile, ma ipotizzarne una dove il potere sia riconosciuto e gestito secondo categorie differenti da quelle in cui siamo stati cresciuti è ancora possibile e anche, considerata l'inefficacia delle modalità attuali, non piú eludibile. La democrazia non sfugge a questo bisogno, perché se è vero che i sistemi di potere sono sempre gerarchici, è ancora piú vero che lo sono soprattutto quando hanno struttura democratica. Nelle dittature e nelle monarchie ottocentesche la catena di comando era infatti piuttosto breve, perché concentrava molto potere nelle mani di pochissimi e traeva la sua forza dall'evidenza di questa verticalizzazione: i ruoli di chi comandava e chi obbediva erano chiari e l'esecuzione degli ordini era rapida e indiscussa, direttamente legata a un'autorità senza mediazioni.

I sistemi democratici sono invece fondati sul principio opposto: non è la concentrazione a regolare l'autorità, ma la distribuzione e la separazione dei poteri. Per realizzare queste due condizioni le società democratiche hanno però bisogno di generare innumerevoli gerarchie d'ambito e il paradosso che ne emerge è che all'interno di queste infinite burocrazie i liberi cittadini democratici ridiventano sudditi tante volte quanti sono i decisori sociali di cui bisogna attendere le deliberazioni. La gerarchia non democratica ha una logica assoluta e inconfutabile: il potere viene dall'alto per assunto di sangue, diritto divino o forza; quando lo si esercita lo si fa in progressione verso il basso, a caduta. La gerarchia democratica è invece fondata sul paradosso secondo il quale è proprio l'ultimo scalino sociale, il cittadino col suo voto, a conferire il potere che subisce.

Che cominci dal principio o cominci dalla fine, l'organizzazione gerarchica rimane invariata in entrambi i sistemi nella sua sostanza e differisce solo per un dato: la non democrazia si fonda sulla convinzione che il potere in sé sia eterno e non abbia bisogno di verifiche, mentre la democrazia è fondata sulla sfiducia in chi la esercita, quindi i ruoli del comando *pro tempore* sono soggetti a rinnovo periodico e prevedono meccanismi di bilanciamento tra poteri.

È possibile immaginare un sistema di governo che non si basi su strutture gerarchiche? L'avvento della rete e il cambio di orizzonte imposto dalle sue dinamiche ha modificato radicalmente la percezione di cose come la distribuzione dei poteri, l'economia, l'esercizio di sovranità, la partecipazione e la stessa idea di democrazia esercitata come oligarchia a comparti stagni. Come evitare che il nuovo paradigma diventi semplicemente tecnocrazia? Come fare in modo che la funzione sociale torni a essere espressione della relazione sociale?

Un funzionario o un oligarca interrogati sull'utilità dell'autorità e della catena di comando direbbero che il potere nella sua espressione gerarchica serve a mantenere l'ordine e quindi la pace. Questa presunta necessità non solo non è scontata, ma è contraddittoria: non esiste alcun rapporto di necessità tra quello che definiamo pace e quello che abitualmente riconosciamo come gerarchia, ma l'una è casomai la negazione dell'altra ed è molto importante averlo chiaro, perché la ricerca della pace è un bisogno essenziale dello stare insieme e non può essere disgiunta dalla presa di coscienza delle strutture che la minano. Tutte le strutture gerarchiche – cioè tutte le strutture che per reggersi hanno necessità di un rapporto di potere non discutibile tra superiori e inferiori – sono per loro stessa natura sistemi «armati», dentro ai quali le logiche della violenza e della sopraffazione non appaiono come il casuale risultato di individualità prive di disciplina, ma sono invece un elemento connaturato alla sopravvivenza stessa dell'impianto gerarchico.

Senza l'accettazione del principio di violenza non esiste gerarchia, perché la gerarchia si fonda sull'esistenza di una superiorità e di un'inferiorità organizzate e rispettate come tali. Chiunque discutesse la legittimità di questo rapporto tra forze diseguali lo minerebbe alla base, e infatti nessuna gerarchia nella storia, sia essa militare, civile, politica o religiosa, ha mai ritenuto di poter fare a meno di dotarsi di meccanismi punitivi e inibenti verso le forme di ribellione e sovversione della graduatoria del proprio potere. Pensare dunque di affrontare la questione della pace senza affrontare al contempo l'esistenza strutturalmente violenta dei sistemi gerarchici significa rinunciare ad andare al cuore della questione, perché non possiamo chiamare pace la quiete implacabile che il sistema gerarchico lasciato a sé stesso riesce a generarsi intorno.

Il punto su cui agire non è quindi il concetto di gerarchia, che è chiarissimo, ma quello di potere. C'è una paura diffusa di questa parola, come se avesse in sé una connotazione oscura, uno spirito da cerino acceso che si vorrebbe sempre far girare, mai trattenerlo, affinché si spenga in mano a qualcun altro. È invece una parola di cui farsi carico, perché un pezzo di potere ce l'abbiamo in dote tutti. Quello dei semplici cittadini forse non è un potere di sistema, uno di quei cosiddetti poteri forti che attengono alla finanza, al mondo militare, alle gerarchie religiose e ai governi nel loro esercizio, ma è comunque un potere e può essere agito senza timore in molti modi, a patto di riconoscerlo e chiamarlo per nome.

In alcuni ambienti di potere, specialmente quelli religiosi dove il sistema autoritario è meglio strutturato, il nome stesso del potere è stemperato e giustificato dalla parola «servizio». Il potere è un servizio, afferma chi lo esercita in quegli ambiti, quasi fosse vero che potere e servizio siano la stessa cosa. È ovvio che non lo sono: il potere è potere e può servire a fare tante cose, compreso certamente il servire, ma non solo. Negare di possederlo significa non ammettere che dal possederlo derivi una responsabilità. Chi ha paura del potere lo esercita senza consapevolezza e lo subisce senza potersene difendere, causando e ricevendo danni incalcolabili.

Organizzare lo stare insieme prescindendo dalle dinamiche di potere è quindi ingenuo e pericoloso. Ma che tipo di potere può essere agito nelle relazioni tra semplici cittadini? Viene attribuita ad Andreotti l'affermazione che il potere logori chi non ce l'ha, e questo modello di potere è già molto chiaro, oltreché lungamente esercitato da persone come Andreotti medesimo. È un'autorità di natura sottrattiva, che se sta in mano a qualcuno è solo perché questo qualcuno lo ha avuto a spese di qualcun altro, che invece dal canto suo l'ha perduto. Non è una cosa che si può possedere insieme, il potere che logora. Chi ce l'ha gode, ma deve dedicare una parte consistente delle sue energie a mantenerlo, perché tutti i furti vanno difesi e chi quel potere lo ha perso e si logora farà evidentemente di tutto per riprenderselo.

L'idea di fondo è che il potere sia una sorta di oggetto che viaggia nelle mani del piú forte e che frustra e marginalizza il piú debole. Questa visione del potere costruisce giungle, non città, e mondi strutturalmente conflittuali dove lo scontro è la principale modalità dialettica, quando non l'unica. Mi spingerei a dire che è una visione maschile del potere, non perché appartenga biologicamente agli uomini, ma perché sono stati gli uomini a possedere per centinaia di anni il potere e a perfezionarlo in questa accezione. Oggi che le donne hanno un maggiore accesso ai luoghi di potere, non è raro vederne alcune agire secondo le stesse logiche che per anni hanno guidato l'azione maschile al comando, ma quella modalità resta un'eredità virile, una visione della vita civica muscolare e costantemente reattiva al dissenso, percepito come un pericolo da disinnescare di continuo.

Eppure il dissenso è essenziale all'esperienza democratica, perché la democrazia è l'unico sistema di governo che sul dissenso si è fondato. Esiste un modo di esercitare il potere che non sia quello di farlo l'uno contro l'altro? L'esperienza secolare delle donne suggerirebbe che esista una *via femminile al potere*, e non perché esse siano migliori degli uomini, ma perché in questo sono state agevolate dalla storia: le donne non hanno mai avuto, se non in pochissimi casi, il potere di sottomettere qualcun altro. La stragrande maggioranza di loro ha invece dovuto chiedere aiuto alle altre donne per non essere schiacciata da dinamiche di forza familiare e sociale tutte maschili. Questo non significa che in quanto donne il potere non lo si sia comunque avuto e gestito, però in una filiera di fragilità paritarie la legge del piú forte non era quella vincente: se ci si salva, lo si fa insieme.

Questa dinamica è possibile solo a partire dalla considerazione che l'eredità delle donne in materia di potere sia una eredità di emarginazione e che i margini sociali siano posti particolarmente fecondi per lo sviluppo di nuovi modelli d'azione. Nei margini le logiche sono necessariamente molto meno gerarchiche e molto piú reticolari, le marginalità solidarizzano e sorgono piú facilmente movimenti collettivi, perché ci si conosce di piú e ci si teme di meno. Tra fragili la discussione è piú dipanata, i metodi sono piú negoziali e la solidarietà verso un comune obiettivo è una delle possibilità contemplate da un esercizio del potere che ha sviluppo piú orizzontale che verticale. Se la storia fosse insegnata a scuola anche dalla parte dei vinti, apparirebbe evidente che mentre gli uomini facevano scale dove giocarsi la guerra gerarchica che ispirava ai cantori le epiche, le donne facevano reti per sopravvivere insieme dove ciascuna da sola sarebbe morta. Quel patrimonio di esperienze esiste e può diventare prassi comune sia per le donne che per gli uomini che vogliano passare dall'idea di essere potenti uno contro l'altro all'idea di essere potenti insieme.

I marginalizzati che assumono il proprio potere attraverso quel processo per cui fino a ora solo la lingua inglese ha trovato un termine giusto – *empowerment* – hanno dalla loro anche un ulteriore strumento: la consapevolezza acquisita non solo di quel che possono essere, ma anche di quello che non vogliono essere mai. È infatti probabile che chi si trova nel luogo in cui può essere potente conosca del potere solo il volto del contrasto. Ci vuole una grande intelligenza tattica per sederglisi accanto senza finire per assomigliargli e una grande consapevolezza per evitare di cadere nella sua dinamica dello scontro. Fare politica secondo una nuova logica di potere significa rifiutarsi di assumere la modalità di ciò che si vuole combattere: se ne possono rispettare le regole a patto che se ne discuta la sostanza, perché è quella sostanza che ha generato la marginalità a cui le fragilità sono scampate. Prima di arrivare a un governo del *fare*, la via femminile al potere impone di arrivare a un governo della messa in discussione delle logiche di quel *fare*, altrimenti il rischio è ritrovarsi nei luoghi in cui si deve decidere e l'unico linguaggio che sarà rimasto per farlo è quello da cui ci si voleva liberare.

Acquisire questa nuova concezione del potere è essenziale nella lotta per i diritti, sia quelli per cui ancora ci si batte che quelli che la generazione precedente dava per acquisiti e invece cosí stabili non sono piú. «Avrete solo i diritti che siete in grado di difendere», mi disse un giorno con sprezzo polemico un ex sindacalista scopertosi liberista alla fine della carriera e passato con lo zelo del neofita a far da consulente all'ennesima destra al governo. Ero una lavoratrice precaria e quella frase non l'ho piú dimenticata, perché esprimeva un'idea belluina della costruzione dei valori sociali e individuali, un conflitto senza mai pace dove qualunque conquista sarebbe stata sempre esposta a una costante rimessa in discussione.

Esiste una parte della società italiana che è convinta che qualunque cosa chiamiamo diritto esista solo finché non ce lo facciamo portare via da qualcuno piú forte di noi. Questa parte di opinione pubblica, che di solito non è quella che deve preoccuparsi della fine del mese, non accetterà mai il principio che i diritti esistono proprio perché un consesso civile non può essere regolato dalla legge del piú forte. I diritti sono per definizione diritti dei deboli, perché solo cosí sono diritti di tutti, ed è attraverso le lotte dei deboli che le società cambiano e crescono, perché i forti non hanno interesse alcuno a modificare lo stato delle cose. Chi ha fatto l'esperienza della marginalità e ha maturato un dissenso organizzato verso questo modo di gestire le fragilità altrui è piú pronto a difendere i diritti di chi non ha difese ed è piú disposto a immaginare modi di proteggere il tessuto sociale che non passino per l'atto di schiacciare chi fa fatica a rialzarsi. Che modalità ci sono per dare forza a queste esperienze e renderle una prassi accessibile a tutti?

Ci sono almeno due esperienze utili che consentono la gestione del potere in maniera meno conflittuale di quella sottrattiva che governa l'Italia dal dopoguerra. La prima è quella dei processi partecipativi, uno strumento che in altre nazioni, per esempio in Francia, è obbligatorio per legge da anni e vincola le amministrazioni a ricorrervi ogni qualvolta ci sia da realizzare un'opera pubblica che supera l'investimento di 300 milioni di euro. Si tratta di percorsi di coinvolgimento della popolazione nelle decisioni rilevanti destinate a modificare l'economia, la geografia o le abitudini di un territorio in maniera significativa, come una bretella autostradale, una base militare, un inceneritore o un tratto di treno veloce. I cittadini vengono chiamati a interessarsene attraverso una serie di procedure che hanno lo scopo di condividere le informazioni sulla modifica prospettata, considerarne la reale esigenza per il territorio, analizzare le possibili alternative meno impattanti e infine scegliere la cosa migliore, cioè quella che mette d'accordo le esigenze del territorio con quelle dei suoi amministratori, spesso costretti a guardare piú lontano di quanto siano disposti a fare i loro cittadini, ma talvolta cosí miopi da non scorgere soluzioni alternative piú a portata di mano e piú vicine ai bisogni reali delle persone coinvolte nel cambiamento.

In Italia i processi partecipativi non sono legge e sono piuttosto temuti da chi amministra, perché abituano le popolazioni a pretendere di essere coinvolte nelle scelte di maggiore rilevanza e forniscono loro strumenti di organizzazione del dissenso che invece, per chi sul consenso ha costruito la propria fortuna politica, sono pericolosissimi. Le argomentazioni per non farli sono comuni: ci vuole piú tempo a farli che a scegliere, ci vogliono piú soldi per istruirli e alla fine il rischio è che la popolazione non approvi comunque la scelta. Davanti alla faccia spaventata di chi si chiede: «cosa ci hanno eletti a fare, se poi dobbiamo discutere le decisioni ogni volta?» è facile comprendere quanto in profondità abbia agito la logica del potere sottrattivo. La creazione di una mentalità della delega di potere ha costruito una classe politica che teme la cittadinanza attiva e considera gli spazi di concertazione una perdita di tempo e di denaro. Nemmeno il sorgere continuo di comitati del no che bloccano per anni opere già deliberate e finanziate sembra bastare a convincere i politici nostrani, disabituati al confronto e al dissenso, che condividere le decisioni vitali non è un bel gesto che va fatto per munificenza, ma è l'unica strada conveniente per fare scelte migliori maturando attorno a esse il patrimonio incommensurabile della corresponsabilità popolare.

L'altra esperienza utile viene dallo studio sui gruppi creativi che il sociologo Domenico De Masi fece nel 1989[6], lavoro d'avanguardia in tempi in cui immaginare la portata della rivoluzione di internet e le nuove dinamiche di rete era ancora un atto di pura profezia. In quello studio De Masi dimostrava – con dieci esempi spalmati nel secolo tra il 1850 e il 1950 – la scomparsa

[6] D. De Masi, *L'emozione e la regola. I gruppi creativi in Europa dal 1850 al 1950*, Laterza, Bari-Roma 1989; nuova ed. con il titolo *L'emozione e la regola. La grande avventura dei gruppi creativi europei*, Rizzoli, Milano 2005.

della figura del creativo solitario e l'insorgenza incalzante dei gruppi creativi, organizzazioni spesso multidisciplinari dove la strutturazione del lavoro era completamente diversa da quella fino a quel momento data per scontata negli ambiti di ricerca, di creazione e di invenzione artistica, scientifica e commerciale. Il lavoro di De Masi è importante nella discussione sul potere perché nell'analisi di quelle nuove modalità risultò fondamentale la decostruzione delle dinamiche gerarchiche. I gruppi creativi da lui analizzati – Bauhaus, i fisici di via Panisperna, la Stazione zoologica di Napoli, i matematici di Palermo, Bloomsbury e altri – non avevano nessuna delle strutture di potere classiche su cui si era retta la produzione creativa fino all'Ottocento. Al vertice poteva esserci un fondatore particolarmente carismatico oppure no, ma non era quella presenza a fare la differenza, perché nelle loro dinamiche a contare non era chi comandava su chi, quanto chi era in grado di influenzare chi.

Gli spazi dell'organizzazione di questi gruppi creativi, non a caso ben studiati nella ricerca di De Masi, rispondevano all'esigenza di favorire l'influenza di ciascuno sulla capacità di creare degli altri. Spariscono gradualmente le porte chiuse, nascono spazi sempre piú condivisi. È dentro quelle esperienze che si formano e si strutturano i luoghi che poi saranno chiamati open space e le metodologie di scambio multidisciplinare che un giorno saranno prassi nella gestione dei processi creativi. È in quei primi gruppi di pionieri che sorgono le premesse che consentiranno a De Bono di formulare quasi cento anni dopo la categoria logica del pensiero laterale, quello capace di trovare soluzioni creative fuori dagli schemi di ragionamento consolidati. Oltre le rigidità dei processi di controllo gerarchico e senza le logiche della competizione individuale – dimostrò De Masi – le idee venivano fuori prima ed erano migliori.

Per anni la lettura di quello studio nutrí l'idea che la rete internet avesse una stretta parentela con i tracciati dei sociogrammi con cui i sociologi descrivevano le semplici reti di influenza tra le sorelle Woolf e Maynard Keynes nel salotto di Bloomsbury. Abbiamo accarezzato l'idea che la Rete, diventata presto maiuscola come una sorta di entità mistica dotata di volontà superiore, fosse un potere da cui difenderci non sarebbe stato necessario, perché a difenderci sarebbe stata lei. In quella prospettiva appariva finalmente all'orizzonte un potere buono, anarchico e non verticale, innocuo a dispetto del suo volume esponenziale, imparagonabile a qualunque società complessa in cui eravamo in grado di immaginare all'opera le infinite correnti di influenza.

Con l'avvento della rete vera e di massa, degli spazi virtuali di relazioni e dei social media, la categoria dell'influenza sarebbe diventata dominante non solo nei processi creativi, ma avrebbe costretto tutti, *in primis* la politica, a rivedere i propri linguaggi e il proprio modo di guardare il mondo. I termini della diffusione dei contenuti in rete sono gli stessi che si usano per parlare delle malattie: influenza, viralità, contagio. Ci è voluto qualche anno perché la politica arrivasse a capire che la rete innocua non lo era per niente e che anzi era un'occasione formidabile di controllo sulle nuove forme di organizzazione della partecipazione e del dissenso che sembrava offrire ai cittadini; il punto sovversivo era che la rete questa opportunità la offriva a tutta la cittadinanza, non solo a quella piú attiva che fino a quel momento aveva partecipato alla vita politica attraverso i mediatori sociali tradizionali dei partiti, delle associazioni e dei sindacati. Anche soggetti che fino a quel momento erano stati passivi nella vita pubblica si ritrovarono nel giro di una decina d'anni con in mano gli strumenti elettronici per conoscere e intervenire nella vita politica del Paese senza neppure uscire di casa. Mentre i partiti chiudevano le sezioni dal vivo, smettevano di fare comizi dai palchi e riducevano il numero delle feste con la salamella e il cineforum, i cittadini aprivano i forum on line, i blog, i canali di You Tube, i profili di Facebook e di Twitter, le piattaforme di scambio file e di sondaggio e parlavano di politica.

L'11 settembre diede l'opportunità a molti governi in agitazione, compreso quello italiano, di addurre motivazioni di sicurezza antiterrorismo per filtrare l'accesso alle reti attraverso una procedura di identificazione personale che rendeva il collegamento a internet una specie di check-in. Le reti wi-fi aperte sparirono, ma le persone non smisero affatto di agire in rete per fare politica, sempre piú convinte che quello strumento di avvicinamento reciproco avrebbe posto fine alla distanza che da anni si avvertiva fra la politica e la cosiddetta «vita vera delle persone». L'ubriacatura della democrazia diretta è stata tale da condurre in Parlamento con percentuali a due cifre soggetti politici sorti e interamente strutturati sulla rete, ma dopo piú di un decennio di questa immersione ingenua ed entusiasta nel mondo dei linguaggi orizzontali, l'idea che la rete sia uno spazio dove eludere le tradizionali espressioni del potere si è fatta in molti meno certa.

L'assenza di una piramide visibile non ha significato per nulla che le gerarchie siano scomparse: anche in una rete di punti apparentemente paritari non è vero che i nodi sono tutti uguali, che davvero uno valga uno. Da molti nodi passa solo un collegamento, da parecchi un paio, da pochi una decina e da pochissimi centinaia. Ci sono i nodi semplici, che influenzano al massimo se stessi e la loro cerchia ristretta, e ci sono i nodi fulcro, gli hub della rete che influenzano centinaia di migliaia di persone, che veicolano informazioni e creano opinioni, che muovono interesse verso determinati temi o lo dirottano via da altri. Dietro quegli hub spesso c'è molto danaro o ci sono i poteri di sempre, quelli che con internet hanno guadagnato solo un posto in piú dove agire.

Non esiste la neutralità della rete, perché non siamo neutri noi e non sono neutre le nostre dinamiche. Gli algoritmi con cui funzionano gli strumenti a cui ci affidiamo filtrano per noi le informazioni che hanno scelto in base ai nostri profili, piú precisi di quelli che ricostruirebbe qualunque polizia, dato che siamo stati noi a fornire spontaneamente i dati che hanno consentito ai motori di ricerca di sapere esattamente chi siamo, cosa cerchiamo, chi frequentiamo, cosa votiamo, cosa ascoltiamo e mangiamo, dove e come vogliamo essere confermati nelle nostre certezze. Oggi sappiamo che la rete, che ci accoglie da individui e ci codifica come profili, ci conosce meglio di quanto avremmo mai voluto essere conosciuti da un qualunque altro strumento di potere. Il mezzo che doveva servire per aumentare il nostro controllo sui controllori ha reso i controllori piú forti nel controllarci.

Sappiamo di essere sempre visibili, ma con il crescere delle paure del terrorismo internazionale e delle insicurezze percepite dallo stare insieme, è cresciuta anche la nostra propensione a non protestare nell'essere spiati, geolocalizzati, ascoltati e forse visti passo per passo da una delle mille telecamere che costeggiano le nostre strade. Poiché lo strumento che ci rende percepibili e profilati è lo stesso che ci permette di restare connessi a chi amiamo, pagare il prezzo della nostra intimità non sembra troppo esoso, tanto – dicono tutti intorno a noi, come per assolversi da quella confessione non richiesta – che paura c'è del controllo, se non abbiamo niente da nascondere. Non sembra importare quasi a nessuno il fatto che non avere nulla da nascondere non giustifichi il non poter nascondere piú nulla. «Nulla da nascondere» del resto è un concetto molto relativo che cambia a seconda del potere che cerca le informazioni: non vuol dire la stessa cosa in Italia e in Cina, in Francia e in Turchia, e spesso la differenza tra i Paesi democratici e gli altri è solo nel livello di segreto con cui quello che c'era da nascondere viene cercato e trovato: alcuni governi possono dire cosa fanno e altri no, perché hanno ancora un'opinione pubblica di cui tenere conto, ma è probabile che nella sostanza delle pratiche il tipo di controllo sia identico.

A dispetto dell'ottimismo sullo sviluppo tecnologico, l'esperienza di questi vent'anni di internet di massa ha dimostrato solo che è ancora vero quel che cantava De André: non esistono poteri buoni, né strumenti buoni in mano al potere, il cui solo scopo è tenere sotto controllo ogni possibilità di essere messo in discussione. La rete può essere un formidabile strumento di espressione del dissenso per i singoli cittadini, ma solo nella misura in cui l'idea di organizzazione del potere che si vuole mettere in atto con il suo uso è diversa da quella del potere a cui ci si vorrebbe opporre: un potere relazionale, dove le persone sono il fine dell'azione e mai il suo strumento.

L'ultima cosa che un'autorità costituita può contrastare prima di tramutarsi in regime sono le relazioni, quella debolezza incomprensibile a tutti i poteri che si nasconde nei legami intimi di fiducia tra le persone e che consente, se organizzata lasciando da parte le massime andreottiane, rivoluzioni metodiche di forza incalcolabile per qualunque algoritmo.

Stampato per conto della Casa editrice Einaudi
presso ELCOGRAF S.p.A. - Stabilimento di Cles (Tn)
nel mese di maggio 2016

C.L. 21892

Ristampa	Anno
0 1 2 3 4 5 6	2016 2017 2018 2019

Vele

26. Hans Magnus Enzensberger, *Il perdente radicale*
27. Luigi Bobba, *Il posto dei cattolici*
28. Gadi Luzzatto Voghera, *Antisemitismo a sinistra*
29. Orhan Pamuk, *La valigia di mio padre*
30. Roberto Weber, *Perché corriamo?*
31. Aldo Schiavone, *Storia e destino*
32. Marcello Flores, *1917, La Rivoluzione*
33. Giovanni Moro, *Anni Settanta*
34. Fulvio Gianaria e Alberto Mittone, *L'avvocato necessario*
35. Alfonso Berardinelli, *Poesia non poesia*
36. Hans Magnus Enzensberger, *Nel labirinto dell'intelligenza*
37. Marco Romano, *La città come opera d'arte*
38. Simona Argentieri, *L'ambiguità*
39. Fabio Mini, *Soldati*
40. Ian McEwan, *Blues della fine del mondo*
41. Tariq Ramadan, *Islam e libertà*
42. Antonio Pascale, *Scienza e sentimento*
43. Vittorio Gregotti, *Contro la fine dell'architettura*
44. David Bidussa, *Dopo l'ultimo testimone*
45. Luigi Zoja, *La morte del prossimo*
46. Enzo Bianchi, *Per un'etica condivisa*
47. Luciano Violante, *Magistrati*
48. Mario Perniola, *Miracoli e traumi della comunicazione*
49. Giancarlo Gaeta, *Il Gesú moderno*
50. Wolfgang Sofsky, *In difesa del privato*
51. Aldo Schiavone, *Spartaco. Profilo di un'icona*

52. Marco Aime e Anna Cossetta, *Il dono al tempo di Internet*
53. Enzo Bianchi, *L'altro siamo noi*
54. Vittorio Gregotti, *Tre forme di architettura mancata*
55. Guido Samarani, *Cina, ventunesimo secolo*
56. Walter Barberis, *Il bisogno di patria*
57. Simona Argentieri, *A qualcuno piace uguale*
58. Edmondo Berselli, *L'economia giusta*
59. Marco Revelli, *Poveri, noi*
60. Paul Ginsborg, *Salviamo l'Italia*
61. Gustavo Zagrebelsky, *Sulla lingua del tempo presente*
62. Anna Bravo e Federico Cereja, *Intervista a Primo Levi*
63. Sergio Luzzatto, *Il crocifisso di Stato*
64. Tomaso Montanari, *A cosa serve Michelangelo?*
65. Mario Vargas Llosa, *Elogio della lettura e della finzione*
66. Gian Luigi Beccaria, *Mia lingua italiana*
67. Gianfranco Marrone, *Addio alla natura*
68. Ernesto Galli della Loggia e Aldo Schiavone, *Pensare l'Italia*
69. Aldo Bonomi ed Eugenio Borgna, *Elogio della depressione*
70. Carlo Galli, *Il disagio della democrazia*
71. Gilberto Corbellini, *Scienza, quindi democrazia*
72. Stefano Levi Della Torre, *Laicità, grazie a Dio*
73. Carlo Maria Martini e Ignazio Marino, *Credere e conoscere*
74. Andrea Segrè, *Economia a colori*
75. Gustavo Zagrebelsky, *Simboli al potere*
76. Adriana Zarri, *Teologia del quotidiano*
77. Giuseppe Ruggieri, *Ritrovare il concilio*
78. Carlo De Benedetti, *Mettersi in gioco*
79. Giorgio Airaudo, *La solitudine dei lavoratori*
80. Hans Magnus Enzensberger, *Il mostro buono di Bruxelles*
81. Marco Revelli, *Finale di partito*
82. Ugo Mattei, *Contro riforme*
83. Luciano Violante, *Politica e menzogna*

84. Aa.vv., *In difesa della psicoanalisi*
85. Enzo Bianchi, *Fede e fiducia*
86. Gustavo Zagrebelsky, *Fondata sul lavoro*
87. Giovanni De Luna, *Una politica senza religione*
88. Vito Teti, *Maledetto Sud*
89. Alberto Melloni, *Quel che resta di Dio*
90. Gustavo Zagrebelsky, *Fondata sulla cultura*
91. Diego Marconi, *Il mestiere di pensare*
92. Nando dalla Chiesa, *Manifesto dell'Antimafia*
93. Fulvio Gianaria e Alberto Mittone, *Culture alla sbarra*
94. Enzo Bianchi, *Dono e perdono*
95. Eugenio Borgna, *La fragilità che è in noi*
96. Roberto Esposito, *Le persone e le cose*
97. Carlo Ratti (con Matthew Claudel), *Architettura Open Source*
98. Salvatore Settis, *Se Venezia muore*
99. Luciano Violante, *Il dovere di avere doveri*
100. Barbara Spinelli, *La sovranità assente*
101. Michele Ainis, *La piccola eguaglianza*
102. Tomaso Montanari, *Privati del patrimonio*
103. Franco La Cecla, *Contro l'urbanistica*
104. Ugo Mattei, *Il benicomunismo e i suoi nemici*
105. Chimamanda Ngozi Adichie, *Dovremmo essere tutti femministi*
106. Francesco Cassata, *Eugenetica senza tabú*
107. Eugenio Borgna, *Parlarsi*
108. Mario Perniola, *L'arte espansa*
109. Simona Argentieri e Nicoletta Gosio, *Stress e altri equivoci*
110. Roberta De Monticelli, *Al di qua del bene e del male*
111. Vito Teti, *Fine pasto*
112. Gustavo Zagrebelsky, *Senza adulti*
113. Eugenio Borgna, *Responsabilità e speranza*
114. Maurizio Ferraris, *Emergenza*
115. Paul Ginsborg e Sergio Labate, *Passioni e politica*
116. Alain Badiou, *Il nostro male viene da piú lontano*
117. Michela Murgia, *Futuro interiore*